मधुमालती

काव्य संग्रह

डॉ रमेश चन्द्र 'विनोदी '

/ BookLeaf
Publishing

India | USA | UK

Made with ❤ on the BookLeaf Publishing Platform

www.bookleafpub.in

www.bookleafpub.com

Dedication

समर्पण

छोटे भाई स्वर्गीय राजेश कुमार की याद में...
सुधि पाठकों को समर्पित।

Preface

प्रस्तावना

पिछले काव्य संग्रह 'शेफाली' को लिखते समय ही मैंने सोच लिया था कि अगली पुस्तक का नामकरण भी किसी विशेष पुष्प पर ही रखूँगा और जैसा कि आप सभी पाठक, 'जिन्होंने शेफाली पढ़ी है' यह जानते ही होंगे कि मैंने किताब लिखने से पहले यह तय किया था कि उसे दिए जाने वाले नाम के पौधे को पहले अपने बगीचे में रोपित करने के बाद ही उस पुस्तक का प्रकाशन होगा। शेफाली और मधुमालती के मध्य पाञ्च वर्ष के अन्तराल का कारण यही है कि मधुमालती का पौधा लगाने में मुझसे ही विलम्ब हुआ। अब मधुमालती की बेल फूलों सहित जिस तरह मेरे घर की शोभा बढ़ा रही है, आशा है कि आप सभी पाठकों के मन भी इसे पढ़कर विभिन्न रसों से भीग कर खिल उठेंगे।

मधुमालती की कुछ विशेषताएँ हैँ- जैसे इसके फूल पहले सफेद, फिर गुलाबी और अन्त में गहरे लाल रङ्ग के हो जाते हैं। इसी तरह से पुस्तक में समाहित रचनाएँ आपको विभिन्न रङ्ग लिए मिलेंगी।

मधुमालती में मीठी और मनमोहक खुशबू होती है- विशेषकर रात में; मैं आशा करता हूँ कि इस मधुमालती को पढ़ने के बाद आपका हृदय भी कई दिन और रातों तक महकता रहेगा। यह अपने खूबसूरत फूलों के गुच्छों के लिए जानी जाती है, जो किसी भी बगीचे में शोभा बढ़ाते हैं; मेरी मधुमालती के शब्दों के गुच्छे और उनकी सुन्दरता भी आपके मन के उद्यान में सदैव अमिट रहेगी, ऐसा मुझे विश्वास है।

"मधुमालती" केवल एक काव्य-संग्रह नहीं, एक भावयात्रा है- उस मनोभूमि की, जहाँ प्रेम अपनी सबसे कोमल और सबसे गहन अभिव्यक्ति पाता है। इस पुस्तक की रचनाएँ किसी काल्पनिक पात्र की कथा नहीं, बल्कि हर उस आत्मा की निबद्ध व्यथा हैं, जिसने कभी प्रेम किया है, प्रतीक्षा की है, या विरह का मधुर विष पिया है।

इस कृति का प्रतिपाद्य है - प्रेम की शाश्वतता और विरह की साधना।

"मधुमालती" की लता जिस प्रकार सहारा पाकर ऊपर चढ़ती है, उसी तरह प्रेम भी अपने भीतर के सहारे से ऊर्ध्वगामी होता है। इन पंक्तियों में ऋतु-परिवर्तन की सुगन्ध भी है और मनोभावों की हलचल भी।

यह पुस्तक किसी एक भाव में नहीं बँधी- इसमें शृंगार, करुण, शान्त और विस्मय सभी रसों का संयोग है। प्रत्येक कविता, प्रत्येक काव्यांश जीवन के किसी कोने को उजागर करता है, जहाँ प्रकृति, प्रेम और आत्मा का संगम होता है।

मैं नहीं जानता कि यह कृति कितनी सफल होगी, पर इतना अवश्य जानता हूँ कि यह मेरे हृदय की सबसे सच्ची ध्वनि है।
यदि पाठक के मन में एक क्षण के लिए भी मधुर स्पन्दन जगा सके, तो "मधुमालती" अपने उद्देश्य में सफल मानी जाएगी।

लेखक
रमेश चन्द्र 'विनोदी '
कपूरथला पंजाब

Acknowledgements

आभार

काव्य-संग्रह "मधुमालती" के रूप में मेरे विचारों, भावों और अनुभूतियों की यह लतिका जब शब्दों में पल्लवित हुई, तब अनेक स्नेहिल हाथों का स्नेह, सहयोग और प्रेरणा इस सृजन-पथ की अमूल्य धरोहर बने।

सर्वप्रथम, मैं अपनी अर्धांगिनी श्रीमती मन्जू बाला के प्रति हृदय से कृतज्ञता प्रकट करता हूँ, जिनकी आत्मीय प्रेरणा, निष्ठा और स्नेहिल सहयोग के कारण यह कृति अपने पूर्ण रूप में प्रस्तुत हो की। उनका मौन प्रोत्साहन मेरे लेखन की आधारशिला रहा है।
सामान्य जीवन में मित्रों की भूमिका मनोबल बढ़ाने वाली होती है, वहीं साहित्यिक यात्रा में ऐसे मित्रों का होना और भी महत्वपूर्ण हो जाता है, जो आपके शब्दों की लौ को बुझने नहीं देते। ऐसे ही मेरे प्रिय साहित्यिक मित्र- श्री बाबूलाल सांखला, श्रीमती मणि अग्रवाल तथा श्रीमती अनुराधा पांडेय 'केसरी', जिन्होंने न केवल मेरे लेखन को स्नेहपूर्वक सराहा, बल्कि समय-समय पर उत्साहवर्द्धन करके मेरी रचनात्मक ऊर्जा को भी दिशा दी, उनके प्रति मैं विशेष रूप से कृतज्ञता ज्ञापित करता हूँ।

विशेष आभार मेघदूत साहित्यिक संस्था की संस्थापिका और मेघदूत मासिक पत्रिका की आदरणीया सम्पादक श्रीमती रीना धीमान 'स्वर्ण' एवम् पत्रिका प्रबंधक श्री योगी रमेश कुमार 'ओजस्वी' का, जिनके मार्गदर्शन और प्रोत्साहन ने सदैव रचनात्मक ऊर्जा प्रदान की।

सादर नमन तपोवन आचार्यगण- श्री महेश बिसौरिया 'माही', श्रीमती अमिता अग्रवाल, श्रीमती करुणा अथैया, श्रीमती शिखा बाहेती 'अमृत', डॉ. प्रिया अवस्थी शर्मा तथा सुश्री सुनीता कोगटा जागेटिया - जिनकी लेखनी, विचारशीलता और आशीष ने इस यात्रा को गरिमा प्रदान की।

हृदय से आभार ग़ज़ल धारा के उस्ताद अबरार अन्सारी का, जिनसे मिली शब्द-शास्त्र और लहज़े की शिक्षा मेरे लेखन को निखारने में सहायक रही। साथ ही मेघदूत साहित्यिक संस्था के समस्त अधिकारीगणों एवं साहित्यिक सहयोगियों के प्रति मेरा गहरा आभार- श्री अभिनव आलोक 'कर्ण', श्री अरुण कुमार, श्रीमती अरुणिमा दास, श्रीमती एकता कोचर रेलन, श्रीमती सुमेधा सिसौदिया, श्री गोपाल सौम्य 'सरल', श्री शोभित गुप्ता तथा सुश्री राधा अय्यर 'कस्तूरी' - आप सभी का स्नेह और प्रोत्साहन इस यात्रा की प्रेरक शक्ति रहा।

साथ ही, लखनऊ से वरिष्ठ साहित्यकार श्री अमरनाथ अग्रवाल का हार्दिक धन्यवाद, जिनकी साहित्य-सम्वेदना और स्नेहिल मार्गदर्शन मेरे लिए सदैव प्रेरणास्रोत रहे हैं।

सभी आत्मीय जनों के प्रति स्नेह, सम्मान और विनम्र आभार- आप ही की कृपा से "मधुमालती" की यह पुष्प-पांखुरी सुवासित हो सकी है।

सादर,
रमेश चन्द्र 'विनोदी'

1. हृदय बसौ श्वेताम्बरी

ज्ञान-बुद्धि के तेज से, देव-दनुज हर्षाणि।
हृदय बसौ श्वेताम्बरी, देवी वीणापाणि।।

श्वेत-कमल आसीन है, बरसाती माँ नेह।
भर दो मात प्रकाश से, मन मेरे के गेह।।

कर वीणा माँ आपके, सम्मुख पावन ग्रन्थ।
कविकण्ठा आशीष दो, चलूँ आपके पन्थ।।

दो संयम व्यवहार में, उर में शुद्ध विचार।
लेखन में सद्भाव दो, प्रखर कलम में धार।।

ज्ञान-जोत उर में जले, तम हो दूर समस्त।
कृपा करो हँसवाहिनी, साधु हों सिद्धहस्त।।

मूक भाव भी बोल उठें, धर प्रज्ञा के ध्यान।
मधुर वाणी कण्ठ सजे, रुचे साहित्य ज्ञान।।

2. इक नदिया सिन्धु के मुहाने

रङ्ग वसन पथ हित कर अर्पित, श्याम श्वेत द्व्य चीर लिए ।
इक नदिया सिन्धु के मुहाने, बैठी उर में पीर लिए ।।

स्वर्ण शिलाओं के आञ्चल पर, खेल खेलती किरणों से
पर्वत-पर्वत चलना सीखा, हेम कुलाञ्ची हिरणों से
दुग्ध धवल के फेन शमन कर, कुल प्राङ्गण को चमकाया
गतिमान पग बाल्यकाल के, त्वरणता ने पथ बनाया
पितृ तेज के प्रादुर्भाव थे, आविर्भाव अधीर लिए ।
इक नदिया सिन्धु के मुहाने, बैठी उर में पीर लिए ।।

तरुणाई में नव तरङ्गिणी अङ्ग प्रत्यङ्ग प्रखर हुए
गतिमान भव्य जलनिधि समक्ष, अवनत सारे शिखर हुए
भन्जन हुए गतिरोध समस्त,टूट टूट गिरिवर गिरते
रोक सकी क्या बाधा कोई, कदम कामिनी के बढ़ते
दिव्य उजाल यौवनकाल के, रहते सदा सुधीर लिए ।
इक नदिया सिन्धु के मुहाने, बैठी उर में पीर लिए ।।

मन-तुरङ्ग मेरे बलशाली, थमक गई निर्जन धरणी
छूट गए आँगन बाबुल के, छोड़ी माता की शरणी
सीञ्च- सीञ्च कर मैदानो को, पातक तारणहार बनी
जितने बने शिवाले तट पर, सब की बन्दनवार बनी
कहीं तीर्थ के आधार बनी, कहीं नार के नीर लिए ।
इक नदिया सिन्धु के मुहाने, बैठी उर में पीर लिए ।।

चलते चलते मैनें जाना, दूर देश तू रहता है
मीठा पानी भर छाती में, प्रेम ताप से दहता है
मेरे तट पर ओ नदीश! कुछ, घन घने घटाटोप मिले
प्रेम पत्रिका देकर तेरी, मेघदूत सब ढोक चले
केवल नाम सुना भर तेरा, मैने निर्णय गम्भीर लिए ।
इक नदिया सिन्धु के मुहाने, बैठी उर में पीर लिए ।।

बेसुध हुई तब बहने लगी, आस लिए मन में गहरी
तट तलहट सब लुटा पिटा कर, घट तेरे आकर ठहरी
घोर गरजना थी लहरों में, भाव सभी, पर रिक्त पड़े
प्रथम आचमन करके जाना, चुम्बन तेरे तिक्त बड़े
मधुर भवन के कल्पित पानी, मिलते कटु कुटीर लिए।
इक नदिया सिन्धु के मुहाने, बैठी उर में पीर लिए ।।

रंग वसन पथ हित कर अर्पित, श्याम श्वेत द्व्य चीर लिए ।
इक नदिया सिन्धु के मुहाने, बैठी उर में पीर लिए ।।

3. न शिकायत है किसी से

न शिकायत है किसी से
न किसी से अनबन है ।
बस अब ज़िंदगी मे थोड़ा
अकेले चलने का मन है ।।

अभी अभी छोड़ी हमने
साथ रहने की जुस्तजू
खौफ़जदा हो गई महफिलें
खत्म हुआ जोरे बाजू
साँसे फूल रही सीने में
और फिज़ा में सन सन है।
कुदरत के गुनाहगार को
मिलता कहाँ अदन है ।।

कायनात के कोने कोने
हवा जहरीली सिरफिरी
सहमी सहमी मानवता
वबा वफ़ात लिए फिरी
बादलों में गड़गड़ के जैसे
हाय दिल में धड़कन है।
टूट टूट कर चीस रहा
ये अनासिर बदन है ।।

जो भी चलेगा इस सफर पर
हम अलामत ही चलेगा
रुख छुपाए कुछ लोग मिलेंगे
कोई किसी से नहीं मिलेगा
हकीम हुक्काम हज्र हफ़्ता
दवा दर्द अकेलापन है।
लापरवाही कर बैठा हूँ
गमन मेरा नतीजन है।।

4. मधुमालती

कटती नदी, ज्यों हारती
पीड़ा रहे मन सालती

पथ खो गयी, पथ भालती । मधुमालती, मधुमालती ।।

वो बाण्टती, बाती रुई
भर तेल से दीपक कुई
श्रृङ्गार कर, वो लेखती
पाती पिया को भेजती

रो रो विरह मन धारती । मधुमालती, मधुमालती ।।

रैना हुई, विर जूझती
आये दिवस, दिव फूकती
स्वः ओज से आङ्गन भरा
काला हुआ दामन किरा

पल्लू फिरा, सम्भालती । मधुमालती, मधुमालती ।।

साधन बना, निज गात को
तपती रही, भर रात वो
अटकी रही, सांसे कहीं
उसने पलक, झपकी नहीं

आँखें बही, सिसकारती । मधुमालती, मधुमालती ।।

विरहण तना, मन पौण था
हा! दुःख भी, तव गौण था
क्या प्रेम भी, तव दौन था ?
गज गौन था, या मौन था ?

पथ नौन था, बस धावती । मधुमालती, मधुमालती ।।

शब्दार्थ
सालती- रह रह कर मन मे कसक होना/ अनवरत वेदना
भालती(पञ्जाबी) भालना ढूंढना
कुई- छोटा कुंआ, डिबिया
धारती (धारण) स्वीकार करना
दिव फूकती- फूक मार के दीपक बुझाना
किरा- किरना, गलना, क्षारण होना, मिटना
पौण- पवन, हवा
गौण- महत्व हीन
दौन- दोनो
गज गौन- हाथी की गति
नौन- समतल
धावती- दौड़ना, भागन

5. विरहणी

क्षितिज छाया, चढ़ी जाती । धड़क उर की, बढ़ी जाती
गए आ घर, सकेरू भी । सभी पञ्छी, पखेरू भी ।
चले आओ, विछोही रे !
विमोही रे ! बिटोही रे !

ढलन पश्चिम, दिशा खोई । थकन भारी, निशा होई ।
बटुक झीङ्गुर, कुशा कोई । पढ़े पत्रा, मिशा मोई ।
समय सारा, वियोही रे ।
विमोही रे ! बिटोही रे !

रसोई भी, लगे खाली । पकाऊँ क्या, बिना पाली ।
हलाहल सम, रुचे थाली । क्षुदा बैरन, बड़ी छाली ।
नयन भर भर, भिगोही रे ।
विमोही रे ! बिटोही रे !

पलल मज्जा, हुआ टोना । मदलता में, हिरण छौना ।
चुभे चान्दी, गड़े सोना । टकोरे दृग, छुटा सोना ।
लगे शैया, सिरोही रे ।
विमोही रे ! बिटोही रे !

हृदय कानन, उगे शाखी । नयन कारा, फंसे पाखी ।
सुमन कीकर, कवन राखी । जली पावक, शहद माखी ।
दहक मन की, अरोही रे ।
विमोही रे ! बिटोही रे !

चले आओ, विछोही रे ! विमोही रे ! बिटोही रे !

शब्दार्थ

सकेरू- सभी काम करने वाले।, बिटोही- यात्री।, बटुक- विद्यार्थी, वेदपाठी।, कुशा- एक प्रकार की लंबी घास, डाब, पत्रा- पत्र, पृष्ठ, पन्ना,। मिशाः पूरे जीवन भर की खुशी, मोई- मरी, वियोही- अराजक, बगावती, । पाली- पालने वाला, नाथ, पति, प्रेमी। हलाहल- जहर, क्षुदा- भूख, छाली- छलिया, पलल- अस्थि के ऊपर का मांस, मज्जा-अस्थि के भीतर का द्रव्य,। मदलता- कस्तूरी, हिरण छौना- हिरन का बच्चा, गड़े सोना- (स्वर्ण), छुटा सोना- (शयन, नींद लेने सबंधित)शैया- चारपाई, सोने की जगह, बिस्तर, सिरोही- छोटी तलवार, तीखा काण्टा,। कानन- जङ्गल, वन,। शाखी- पेड़, पाखी- पक्षी सुमन कीकर- कीकर के फूल, कवन- कौन, राखी- रखवाला, पावक- आग, शहद माखी- शहद की मक्खी, दहक-तपिश अरोही-लगातार बढ़ने की प्रक्रिय

6. प्रारम्भ परिमल करें..

झाँक कर समय के नयन में
कभी न आह भरें,
निरख -निरख एक दूजे को
एक दूजे पर मरें,
प्रिय! प्रारम्भ परमिल करें।

मैं विस्तृत नीला गगन
पञ्छी बन कर तुम आओ,
मैं हरा भरा पुष्पित उपवन
तितली बन तुम मण्डराओ,
टूटने दो बोझिल पंखों को
बिखरने दो कोमल पंखुड़ियाँ,
टूट कर बिखरने से कब तक डरें ।

प्रिय! प्रारम्भ परमिल करें।।

छू करआये स्वप्निल आभास
महक रहा तन में पसीना,
नयन कातर दो काले-काले
उठता बैठता है सीना,
अङ्गडाइयो की शाखाओं पर
हमने स्वासों की पींग चढाई
चूमकर फुनगी कच्ची उल्लास मन भरें ।

प्रिय! प्रारम्भ परिमल करें।।

मस्त फागुन माह लगा है
देह अलसाई रूह बेचैन
घाम गात भर सरसों फूली
खिले होंगे फूलों से नैन
तालाब किनारे जिस बैठे
उसमे उतरी धुप सितारे बन
चल हम तुम भी उतरें ।

प्रिय! प्रारम्भ परिमल करें।।

लुटी पिटी कमसिन आर्द्रता
हवाओं में विरह भरने लगी
काली कीकर पर फूल खिलाकर
फलियाँ कड़ुवी करने लगी
गेरुआ चोला मन फकीर का
कृशा सर्दी ने शृंगार धरा
कितने रूप नवजात धरें ।

प्रिय! प्रारम्भ परिमल करें।।

शरमाई शरमाई पलकें तुम्हारी
ऐसे में मेरी ओर उठी होंगी
साज छिड़े होंगे मन में
तान बंशी मधुर चढ़ी होगी
दबाई होगी अनामिका तुमने

झक सफेद दान्तो के तले
जैसे मोतियों की तिजोरी पर
दीपक कई जरें ।

प्रिय! प्रारम्भ परिमल करें।।

7. दो नैन बावरे.

पर्वत सूरज, सागर देखे, और देखे सारे ठाव रे ।
दरस परस कब होंगे उनके, तरस गए दो नैन बावरे ।।

माना सारे देव स्वर्ग के, व्यस्त हैं नित्य करम हेतु
सभी सन्तजन लगे हुए हैं, प्रातः मरम हेतु
गृहस्थ सारे भी रमे है गृह -गाम की भक्ति
मुझ विरही को तकन लगी प्रिय परम हेतु ।

श्वसन माल के पुष्प केसरी, अब होने लगे हैं साँवरे ।
दरस परस कब होंगे उनके तरस गए दो नैन बावरे ।।

स्मृतियों के सिन्धु में मन मत्स्य विकल हो तरा
प्यासे पथिक के कण्ठ-कानन कण्टक तरु झरा
चलते फिरते,जगते सोते, खाते पीते वो ही दिशें
ज्यों सावन के अन्धे को है दिखे सदा ही हरा

हृदय गगन के विहग को हैं उड़ने के चाव रे ।
दरस परस कब होंगे उनके तरस गए दो नैन बावरे ।।

दरिद आश्रम को हरपल, ज्यों रहती बाट बटुक आवन की
ऐसे ही मन मेरे में, है बाट तुम्हारी प्रीत पावन की
ऋत जेष्ठ के इस पहलू को, जानता है जग सारा
गलियों में सन्नाटे चीखें, प्राण पनाह में छावन की

तरुवर, मेघ, न छाया कोई, पड़ने लगे हैं ताव रे ।
दरस परस कब होंगे उनके तरस गए दो नैन बावरे ।।

धूल इतराकर चढ़े पवन मुखड़ा किये मटमैला
इक बारिश से खाली हो ये भरा घमण्ड का थैला
दे दे दर्श आकर मुझे अटकी जान दृग कोर
विरह धूल उतरे मन से, तो लगे विनोदी भी छैला

मेरा लौहा कब पार लगे, सजन काठ की नाव रे।
दरस परस कब होंगे उनके तरस गए दो नैन बावरे ।।

14

8. कहाँ साँझ हमारी ढलती है.

तुम उठे सुबह सुहानी,अलसाये तो दोपहर चलती है।
सो नही जाते जब तक तुम, कहाँ साँझ हमारी ढलती है।।

पलकों में ख्याल चलेंगे ख्यालो में तेरे सपने पलेंगे
वो दिन भी क्या दिन होगा सनम जब ये नैन तुमसे मिलेंगे
मिलते ही आँखे बोलेंगी,भेद नीन्द के सब खोलेंगी
लाज से सकुञ्चित फिजाएँ सब सपनों में रङ्ग घोलेंगी

ख्वाबो में इतनी गहराई यूँ कहाँ किसी को मिलती है।
सो नही जाते जब तक तुम, कहाँ साँझ हमारी ढलती है।।

ये कैसी विडम्बना की रात है, चैन सवेरा नहीं आता
विरह की चक्की हृदय में चलती यादों का आटा आता
मन्त्र कीलित हाथ पांव हैं और सम्मोहित तन मन होया
विचार सम्प्रेषण इतना गहरा तू रोया तब मैं रोया

बदली तुमने करवट उधर यहाँ चादर सिलवट पड़ती है।
सो नही जाते जब तक तुम, कहाँ साँझ हमारी ढलती है।।

तुम जो बोले कोयल बोली कर्ण भीतर मधुश्री घोली
प्रियतम वाणी सुन मन डोला अम्बर डोला धरती डोली
राग कल्याण वीणा सरगम ताल दीप मृदङ्ग बाजत है
चढे संगीत तार सप्तक तक तब मद्र मधुर लागत है

सुन नग्मों भरी पुकार तुम्हारी ये शाम भी मचलती है।
सो नही जाते जब तक तुम, कहाँ साँझ हमारी ढलती है।।

डर भी है अनजाना सा ये रोग लगा है अनजाना सा
पाती इक है रखी सिराहने सन्देश है अनजाना सा
उतावली है पढ़ने की पर मन मे भी अनजाना डर है
नए नए मुसाफिर हैं हम दो और कण्टक भरी डगर है

घबरा कर मैं बैठ गया छाती तुम्हारी क्यों धड़कती है।
सो नही जाते जब तक तुम, कहाँ साँझ हमारी ढलती है।।

9. उड़ चल परिन्दे..

चल परिन्दे,उड़ चल परिन्दे ।।मन परिन्दा तन घोसला,
तिनका-तिनका जोड़ा
बैरन आन्धी हाय क़ज़ा की,
पल भर में सब तोडा।
चल परिन्दे देश अपने, चल परिन्दे ।
एक उड़ारी ऐसी भर ले, कट जाएँ सब फन्दे।

चल परिन्दे,उड़ चल परिन्दे ।।यहाँ न तेरा ठौर ठिकाना
वापिस होगा तुझको जाना
मोह डाल का मत कर प्यारे
पत्ता-पत्ता इत बेगाना
चले चिरौरी यहाँ न तेरी,
सख्त काल कारिंदे ।

चल परिन्दे उड़ चल परिन्दे।।प्रीत पराई हो जायेगी
गीत तुम्हारे न गायेगी
मीत दिलासा कभी न देगी
बल्कि रुआंसा कर जायेगी
होंगे सारे अगल बगल में,
प्राण जब तलक जिन्दे ।

चल परिन्दे उड़ चल परिन्दे।।देह बना कर चुग्गा-चुग्गा
पंख बढा कर फुग्गा-फुग्गा
तीर काम के खूब चलाये

17

डाली-डाली डुग्गा-डुग्गा
रोगी काया ऑंसू बहते,
काज किये क्यों गन्दे ।

चल परिन्दे उड़ चल परिन्दे ।।ये पेड़ पुष्प शाखाएँ फल
आज है तेरे किसी के कल
आनी जानी दुनिया फानी
फानी रहता सदा विकल
जो ध्यान लगाले उस प्रभु में,
भाग रहें न मन्दे ।

चल परिन्दे, उड़ चल परिन्दे ।।एक उड़ारी ऐसी भर ले,
कट जाये सब फन्दे । चल परिन्दे, उड़ चल परिन्दे ।।

10. मेहनत का नहीं मोल

हाथ जो मैले हो गए हैं,
तो तन पर भी मैल भतेरे ।
मैला कुर्ता मैली चादर,
लत्ते सारे मैले मेरे ।
हुआ मैल में ही पैदा मैं,
मैले मेरे साँझ सवेरे ।
काया मेरी कीचड़-कीचड़,
मन पर मेरे मैल न कोई
बाहर मेरे घुप्प अँधेरे,
भीतर मेरे जगमग होई ।
हृदय-कपाट तक जा कर डोल ।

मेहनत का नही मोल ।।

लकीर नहीं पगडंडियाँ हैं
टेढ़ी मेढ़ी सी गलियाँ हैं,
कब निकले कब निढले सूरज
धूप-छाँव दो छलिया हैं,
घुटने-टखने दुःखते नहीं
मेरे हाथ कृश थकते नहीं,
कोइयों में तृष्णा कहाँ है?
पोर पोस को तरसते नहीं,
अङ्ग से अङ्ग सम्वाद करें,
रसना मेरी अनबोल ।

मेहनत का नहीं मोल ।।

पेटक भट्ठी सुलग रही है
आग सीने में लग रही है,
जली-जली इच्छाएँ सारी
भूख-भूख से विलग रही है,
रात चाँदनी का नहीं पता
राग बसन्ती का नहीं पता,
मधुमास गए कितने कोसे
खेत सड़क पर ही दिए बिता,
ये तसला कुदाली फावड़ा,
लिए हाथों में ही तोल ।

मेहनत का नहीं मोल ।।

मैं जागूँ जब जग सोये पड़ा
भाग्य मेरा है रोये खड़ा,
अपना पेट भरा या खाली
भरना सबका है पेट पड़ा,
हाय अन्नदाता फलदाता
उदर स्वयं का खाली पाता,
तरह धौकनी चलती सांसें
हृदय आराम कदापि पाता,
हे कवि! कविता सृजन करो तुम
हे रवि! सविता नयन धरो तुम,
हाथ मैले होते रहें बस

हे विधि के विधाता अड़ो तुम,
मन कोठरी न बने मैल की,
रहा दरवाजे खोल ।

मेहनत का नहीं मोल ।।

11. सवैया

बात करे जब मोहक साजन, देह अनङ्ग लुभाव बढ़े ।।
ज्यों सरसों फल से रस मादक, पी अलि के अनुभाव बढ़े ।।
फागुन वात गुलाल चढ़े दिश, भाव प्रभाव विभाव बढ़े ।।
रङ्ग सुवासित उत्सव से उर, प्रेम बढ़े सहभाव बढ़े ।।

12. सवैया

देवता दूर हों, शक्तियां चूर हों , चूकते तीर हों , लक्ष्य सन्धान से।
सुन्न-से प्राण हों ,ऊंघते भान हों, दूर संज्ञान हों , पीर की तान से।
आपदा घेरती , वेदना बेधती, एकता टूटती, हों मृषा-ज्ञान से।
शान्त हो कल्प लें, मन्त्रणा अल्प लें, भीष्म संकल्प लें, प्राण से मान
से।।

13. सवैया

यौवन के मद पी विकसी,छक प्रेम सुधा रति यों मदमाती ।
ज्यों घट पूर्ण भरे रस से, रमणी कटि लाद चले छलकाती ।
कञ्चन से तन में दमके,बिजली घन में जिमि रश्मि जगाती ।
सिंधु समान लगे गहरे, विभु के अँखिया कछु पार न पाती ।।

14. सवैया

भाल विलोचन आतप हैं सब, अन्तस वेदन की फुलवारी।
रोहित पाद चढ़े पथ प्रेमिल, आकुल हो भटके सुकुमारी।
प्रेम पगे रस धारक दो दृग, जोहत बाट रही भरतारी।
ज्यों द्वय भृङ्गन अङ्ग सुकेशर, भान लगे छवि कृष्ण मुरारी।।

15. सोरठा गीत

आज है मन उदास, न जाने क्यों भरा-भरा।
स्तम्भित है विश्वास, स्पन्द तन में जरा-जरा।।

अश्रुजल नयन मांहि, तरलित हृदय कुञ्ज हुआ।
आतप्त नित जलाहि, मन्द जीवन-पुञ्ज हुआ।
सावनी मृदा साँझ, बहक गई मृदुल होकर-
विरहणी लता बाँझ, फ़ल गई पल्लवित होकर।।

मैं रिक्त लिए भार, श्वास निश्वास मरा-मरा।
पर चन्द्र दीप्त द्वार, चस रहा है खरा-खरा।।

सावन उपजा पात, इसलिए तन हरित्तमा।
मास इस पाय गात, रमा ईश की प्रियतमा।
रखा मात ने नाम, जात पितृ कुल मिली है-
श्याम बाबा धाम, मम राशि तुला मिली है।।

इन्ही दिनों 'रमेश', बहता बन परा-अपरा।
धरा सजती सवेश, पहन बाना हरा-भरा।।

अगला सावन आत, ताकि तन क्षणभङ्गुर हो।
निशा दिवस सब खात, काल ऋतु भर अंकुर हो।
उदासी नही उठाय, न अर्थी न डोली कभी-
अगली गर्मी पाय, पावस ठिठुरेगी तभी।।

जला तम करो राख, बनो तुम वो अनल शिरा।
स्वेद सुमन तन शाख, माटी नीर झरा-झरा।।

16. मुक्तक

1

प्राकृत जनोचित व्यवहार प्रेम चले व्याधान से परे ।
मन अभ्यन्तर के अनुराग सदा अनुसन्धान से परे ।
सिन्धु प्रेमातुर सरिता तोड़ कर बहती सहस्र बाधा -
आयाम अलौकिक प्रेमिल उर के सब सञ्ज्ञान से परे ।।

2.

काठ दीप दीवार धरा है, दूर दूर के तमस भगाता ।
धार अचेतना स्वत्व के प्रति, ज्योतिर्धर है जलता जाता ।
प्रेम भरे उन दो नैनो का, भान नही किञ्चित भी उसको -
है कौन शलभ उसकी ज्योति , झरझर करता पङ्ख जलाता ।।

3.

गगन के पास चन्दा है नखत है और तारे हैं ।
धरा के पास सागर है नदी के नीर सारे हैं ।
हमारे हम नहीं, उर भी नहीं, तुम भी नहीं साथी -
सजल से थे नयन मेरे हुए वो भी तुम्हारे हैं ।।

4.

अर्ध प्राण प्रतिष्ठा का, है मन्दिर ये देही मेरी।
मन मेरा राम हुआ ऑंखे हुई वैदेही मेरी।
जलसमाधि भी कदाचित न मिलेगी बूढ़े सरयू में -
अनल अर्णव की धधकती शिखाएँ हैं स्नेही मेरी।।

5.
घायल जज्बात हो तो रूठा करो।
पीठ पीछे घात हो तो रूठा करो।
यूँ बात - बात बे बात कौन रूठता -
रूठने की कोई बात हो तो रूठा करो।।

6.
कराहे जब मानवता, वेदना घट तुम्हारे हो ।
अत्याचार हो निर्बल पर, असर झट तुम्हारे हो ।
महाकवि भी यशोगान करेंगे, हे शब्द साधक-
प्रतिध्वनि पर समाज की लगे श्रुतिपट तुम्हारे हो ।।

7.
रिश्तों के भुरभुरे कांच सभी वो जोड़े रखती है ।
पर निज जीवन पथ में देखो कितने रोड़े रखती है ।
सदा मुस्काते रहने की बस एक आदत बुरी उसे--
बाँटकर परहित सब सुख अपने लिए थोड़े रखती है ।।

8
अभी-अभी हृदय-भूमि उगी कोमल प्रीत हूँ मैं ।
नया-नया निर्मल नवागत अद्य नवनीत हूँ मैं ।
क्षारता के भाव लिए नर्म धवल सद्य निर्मित~
आह!! मथानी चक्रवात से छूटा घीत हूँ मैं ।।

9.

बीच अपनों में, जरा सा अपनापन, ढूंढता हूँ ।
इश्क स्याना हो चला, मैं लड़कपन ढूंढता हूँ ।
ढील देना बेहतर जब, डोर चुभने ही लगे तो -
तङ्ग हैं गलियाँ, सहन छोटे, खुलापन ढूंढता हूँ ।।

10

मीत तुम्हारे आङ्गन तारे, सारे फल गए साँझ में ।
कुछ टूटे कुछ बिखरे निखरे, कई निकल गए साँझ में ।
सबकी नज्में सूरज छूकर, फिर फूलों में बदल गयी -
जो गीत हाय मैने गाये, वो गीत ढल गए साँझ में ।।

.

11.

नीलमगिरी के उत्ताल शिखर, पीतवसन श्रीराम ।
कुन्तल राशियाँ फैल घन सम, नभै नयनाभिराम ।
नीलवर्ण बिम्ब नील जल पर, पीत रङ्ग पंकजदल,
परै अरुण बाल रश्मि नग पट, शर सन्धाने राम ।।

17. आइना

देख कर चाहत तुम्हारी, जल गया ये आइना ।
चढा इश्क का सूरज तो ढल गया ये आइना ।।

यादें मेरी तेरे मन में घर बना बैठी हैं,
उल्फ़त के चौबारे पर दर बना बैठी हैं,
शीशे जैसा दिल मेरा पत्थर हुआ जमाना,
टुकड़े-टुकड़े हो न जाये अपना ये अफ़सान
प्रेम-दर्पण जबसे देखा खल गया ये आइना ।
देख कर चाहत तुम्हारी, जल गया ये आइना ।।

कौसा-कौसा ताप चढ़ा धड़कन भटकी-भटकी
हर आहट पर चौंक पड़ें आँखे चटकी-चटकी
सूने - सूने श्रृङ्गार   रङ्ग भी फीके लगते
बिन साजन के हाय! क्यों मौसम रीते लगते?
ठहर गयी है कायनात चल गया ये आइना ।
देख कर चाहत तुम्हारी, जल गया ये आइना ।।

बरसों बाद हृदय मेरे बादल घुमड़ रहे हैं
आस तेरे आवन की है सावन उमड़ रहे हैं
सजी-धजी शरमाई सी खुद में खोई बैठी
देख मिलन की बेला ये दुनियाँ रोई बैठी
आये जब भी तुम साजन टल गया ये आइना ।
देख कर चाहत तुम्हारी, जल गया ये आइना ।।

मिलते ही तुम मुस्काई दमक उठा मुखड़ा क्यों
मोटी-मोटी आँखों से झलका उर दुखड़ा क्यों
चुरा लिया मैंने काजल जल नैनो में उतरा
नजर का टीका बना उसे तेरे सदके धरा
पनियल चक्षु चमक गये विकल गया ये आइना ।
देख कर चाहत तुम्हारी, जल गया ये आइना ।।

18. अतुकान्त कविता

त्याग रही थी
स्पन्दित बेला को
जब शरद ऋतु धीरे धीरे,
द्रुमों के मृदु पत्तो पर
आते आते जब
रुक गयी थी बसन्त,
चले गये थे छोड़ कर तब तुम।

अब आये हो तुम
इतने दिनों के बाद
हवाएं तप्त से अब
तप्तत्तर होने लगी ।
दूर सागर के सीने पर
हलचलों के गड़े हुए
उखड़ने लगे अब शिविर ।

माना जेष्ठ जा चुका है
अग्रदूत बन बारिशों के
नम हवाओं के गोले ले
धमक पड़े हों अकस्मात,
यूँ अचानक आकर तुमने
चौका दिया ठहरी उष्णता को
कनपटियों में शोणित त्वरित
लगा बजने धाड़ धाड़ ।

भर भर अनल दहकते
सुलगते ग्रीष्म के माह
तपता रहा सम औघड़ मैं
जलाकर आँवे धूम्र धूसरित
सम्वेदना हीन देह लिए
जब जलने ही वाला था
अंतिम रेशा कामनाओं का
और आ गए तभी तुम ।

और ठहर जाते थोड़ा,
आते मानसूनों पर चढ़कर
ठीक आंधियों के प्रहर बाद
उमड़ती घटा, चपल तड़ित बनकर
बरसते गिरते तब तुम मेरे
भँवराते झञ्झावतों पर ।
शुष्कता की पराकाष्ठा लिए
निस्पृह भस्म मेरी
पाकर तरलता असीम
बहती तब बन कर भागीरथी ।

अकुलाए जनपद के
समुदायों में शोर होता
तेरे आने का तब तक
और पहुंचती धमक
उनके कानों तक
उस गर्जना की,जो होती है
दो उर्जित नगों के मिलन से,

तब तक आत्मसात कर लेता
तेरी स्वप्निल चमक को
और बिना कोई झटका खाये तुम
समाहित हो जाते
मेरी हृदय भूमि की गहराइयों में,
तब कनपटी नहींj
हृदयछन्द में धड़कते तुम
एक अतुकान्त कविता बन कर ।।

19. वो खिड़की वाली बुढ़िया

बन्द रहते अक्सर दरवाजे,
पर खिड़की खुलती रहती थी।
ऊन के गोले लिए गोद में,
ख्यालों के स्वेटर बुनती थी।
धवल धूसरित सहमी ठहरी,
हलचल शहर की तकती थी।
निस्तेज आँखे बिम्ब विदीर्ण,
झुर्री-झुर्री मुख मलती थी।।

वो खिड़की वाली बुढ़िया हरदम,
खिड़की पर ही मिलती थी !!

मेरे घर की छत आङ्गन से,
वो चेहरा दिखता रहता था।
और चाँद भी उसी खिड़की के,
ऊपर से तकता रहता था।
एकान्त तपस्विनी के बारे में,
मन शंका करता रहता था।
चाँद की बुढ़िया चरखे वाली,
खिड़की में धरता रहता था।।
रेशा रेशा दिन कतता था,
सूत-सूत रजनी कतती थी।।

वो खिड़की वाली बुढ़िया हरदम
खिड़की पर ही मिलती थी !!

घर भी उसका दर भी उसका,
साथ उसके थी बड़ी बालकनी।
कई कमरे और ठण्डी रसोइयाँ,
कुछ स्नानघर दो बड़ी अलगनी।
झाड़ फानूस मेहराब कसीदे,
सङ्गममरमर सजी छत चिकनी।
पति स्वर्ग में, धरती पर लेकिन,
उसकी केवल खिड़की अपनी।
पड़ छत्ती की ट्यूब लाइट ज्यों,
जलती झपकती रहती थी।।

वो खिड़की वाली बुढ़िया हरदम,
खिड़की पर ही मिलती थी !!

बरसों पहले इन्हीं छतों पर,
रङ्गीन शामियाने तने हुए थे।
खिड़की वाली बुढ़िया के,
कई सगे सबन्धी भी अपने थे।
लन्दन रहती इक लड़की से,
सम्बन्ध पुत्र के बने हुए थे।
दोनों परिन्दे उड़ विदेश गये,
उसके हिस्से बस सपने थे।
कभी गगन में कभी सड़क पर,
नजरें धरती रहती थी।।

वो खिड़की वाली बुढ़िया
हरदम खिड़की पर ही मिलती थी !!

20. जिन्दगी गुलजार है ।

'ज़िन्दगी गुलजार है'
क्योंकि जिस माँ ने मुझे जिन्दगी दी
वो जार हुए गुलों को जिन्दा करती थी ।

वो गांव की मिट्टी की तरह
मासूम थी पाक थी
शाहरियत की घाघ जिजीविषा
जिजीविषा से उगा
हमसायों के कत्ल का भाव
उस मिट्टी तक कभी नहीं पहुंचा ।

वो माँ जिसे सिवाय रोने के
कुछ आता ही नहीं था
रुदन उसकी रगों में
कोकीन की लत जैसा
पैवस्त हो चुका था
जन्म से मेरे उसके मर जाने तक ।

उसकी आँखों मे सितारे
झिलमिलाते थे
सितारों की वो झिलमिलाहट ही
रोग बन गयी
बन्द आँखों के अन्धेरे कोनो में
लगातार जलती आतिशबाजियाँ

उफ्फ।।

आङ्गन में लिपे गोबर से
गोबर की नहीं
माँ की महक आती है
क्योंकि वो इत्र से भी ज्यादा जल्दी
हवाओं में घुलने वाले
रेशों के साथ आई थी
सब के दुखो की हवाओ में
घुलना उसे भाता था ।

माँ, मिट्टी और
महकती हवा से
गुलजार है ये जिंदगी ।।

21. जीवित जोगन

मरते-मरते जो बचते,   उर-उन कहें हरे-हरे ।
हरि कृपा होय जिन मानुस, उन हृदय पीर हरि हरे ।।

कृष्ण-कृष्ण करते-करते,
प्रेम रस पगते-पगते,
श्याम वर्ण हृदय बसाया,
पी वरण करते-करते,
मीरा ही तो थी जिसने,
तज लाज प्रीत हरि वरी,
दैहिक पति को बिसराया,
जगतपति वरते-वरते,
नटवर नागर की टेरी,
पीड़-पीड़ प्रीतम गेरी
साध सङ्ग चले बावरी,
प्रेम प्यासी की फेरी,
चुभे न राणा मन केरी,
मीरा चतुर्भुज चेरी,
पर हा! कुल का ख्याल नहीं,
जन-जन चर्चा हे री,
अब कुछ तो करना होगा,
भेजो गरल, गरल खरे
तड़प-तड़प, तड़प न पाये
चखे सो बिन तड़प मरे
गांव-गांव गली-गली

घर-घर में गूञ्ज, गूञ्ज गई,
गगन भेरी बजा-बजा
कलरव करती कूञ्ज गई,

जीवित जोगन बच गई, पीकर प्याले जहर भरे ।
हरि कृपा होय जिन मानुस, उन हृदय पीर हरि हरे ।।

22. पैगाम

गीत नहीं है मेरा
भरी महफ़िल के लिए।
पैगाम लिखा मैंने
किसी पागल के लिए।।

शिकवे शाम हसीं के
दरमियाँ क्यों दूरी है,
बिना उसके हाय ये
रागनी अधूरी है,
ये मयकश, मैखाने
ये साकी मस्ताने,
पीना उस बहाने
मेरी मज़बूरी है ।
लो जाम लिखा मैंने
किसी पागल के लिए ।

पैगाम लिखा मैंने
किसी पागल के लिए ।।

दो नैना विर मारे
रस्ते निहार रहे,
सूखी पुतली काली
अश्क सभी खार रहे
धौली कोठी बैठी

रोती बन्दीनियां,
थक थक थकती थकती
अब तलक पुकार रही
आराम लिखा मैने
किसी पागल के लिए ।

पैगाम लिखा मैंने
किसी पागल के लिए ।।

बाहर मेहा बरसे
भीतर सूखा पसरे
रो रही बुँदे जितनी
उतनी धरणी निखरे
निखरा नही अभी तक
मैल भरा दिल उसका
ओट चुनर ले रूठा
हाय इश्क के नखरे,
इल्जाम लिखा मैंने
किसी पागल के लिए ।

पैगाम लिखा मैंने
किसी पागल के लिए ।।

शब सितारे चाँद से
भर भर आहें बोले,
तक रहा अटारी से
ये कौन खड़ा डोलेजलता जो इश्क रहा

जल बनेगा सितारा
चमक हमारी खोता
गुमशुम वरका खोले
गुमनाम लिखा मैंने
किसी पागल के लिए ।

पैगाम लिखा मैंने
किसी पागल के लिए ।।

23. तरलताओं के सफर

अदृश्य हैं मेरे ध्येय के पथ,
मेरे लक्ष्य पर साम्राज्य फैलाए
दुश्वारियों के कुहासे,
दे रहे हैं चुनौतियां
मेरे एकाकीपन को...

आशा-निराशा के भंवर में उलझी
मेरी नौका, खो रही है धैर्य किन्तु,
अन्तस् में हैं जिजीविषाएँ ।
विशिष्टाओं के अनुसन्धान की
अगाध क्षुधा द्वारा आदेशित,
 मेरे नैराश्य की तरलता पर
डोलती अपनी तरणि को,
आत्मबल की पतवार के सहारे
सङ्घर्षों की छाती चीर देने को
कर ही लिया तैयार मैने..... ॥

मनोबल के शङ्खनाद से
भयाक्रान्त हैं सभी,
कुहासे का भ्रमजाल अब ।
खण्ड खण्ड हो कर बिखर रहा
है उसका गर्व सारा
और सिमटते धुन्धलकों संग
स्पष्ट होती जा रही हैं,

राहें मेरे लक्ष्य की.... ॥
तरलताओं के सफर की
ये अन्तहीन राह ।।

24. क्षणङ्गुरता

क्षणङ्गुरता का सौंदर्य ही जग में चरम होता है
देखो तो कितना अद्भुत सबका बचपन होता है ।
पर बीतते देर न लगती हाय! उस घड़ी सुहानी को
कितनी जल्दी खो देते हम प्यारी प्यारी नानी को।

एक कहानी, परियों की थी , एक सुनाने वाला था
उस दादी के पहलू में लेट, एक सुनने वाला था....
था नायक ही मैं उस कलकथा का मात्र
कल्पित तुरङ्गकाठी पर बैठा दिया निज पात्र।
निर्मम समय के प्रबल पहिये रुकते नही कभी
किंतु काल के समक्ष महारथी झुकते नही कभी।

दादी नानी की कहानियां ही जीवन पर्यन्त रहती
बड़ों से मिली संस्कारो की नदी काल क्लन्त बहती
निज कर्मो के कारण बहुधा दुःख उठाता रहता
पर मन न दुखे किसी और का प्रयत्न ये ही रहता
फिर भी मित्रो की सोच में अविश्वासी हो जाता
उन हृदय की इसी वेदना से हृदय मेरा मर जाता
सोचता हूँ तब खिन्न मन हो छोड़ जाऊं ये सफर
पर पथिक कर्तव्य की खातिर कदमो तले रखता डगर
जिस उर में प्रेम पुष्प खिलाये थे कभी
उस उपवन को ध्वस्त करूँ सोचा नही कभी।

मेरे विचारों का अपहरण हाय कितना हो चूका
और फिरौती में तन मन मेरा मुझसे विलग हो चूका
सुनो वृक्षो पतझड़ आने पर पत्तो को झड़ने देना
वस्त्र विहीन सोच स्वयं को जड़ न गलने देना
नवपात भी अङ्कुरित होंगे कोंपले फूटने दो
बदलाव की इस प्रक्रिया में सभी साथ छूटने दो
देखो हवाएँ बासन्ती होकर जब बहने लगेंगी
तब दिशाएँ पलट कर सभी तुम्हारी कहने लगेंगीं
मत होना अधीर मन सावन भी आएगा
तब डाली डाली प्यासी देख बादल भी आएगा
रजत चमक चलदल में होकर कौन्धेगी मन में
तब भूल जाना की कभी बिजली गिरी थी वन में।

भोर का सितारा रहता नही निश्चल सदा
और ध्रुव क्षितिज मे रहता है अडिग सदा
जान लो बस इतना की दुःख भी है चुलबुला
देखते ही मिट जाता है हाय भ्रमों का बुलबुला।।

25. सिन्धु सा गहरा प्रणय है

दुःख सुख दो भाव जिनका एक दूजे में विलय है ।
मत्स्य सा मन है विकल तो सिन्धु सा गहरा प्रणय है ।।

धूप तीखी में जलें तो फाग ऋतु में खिलखिलाएँ
नेह से हैं पल्लवित सब पुष्प पादप तरु लताएँ
सन्तुलित हो मेह बरसे तो धरा कण-कण अमय है ।
मत्स्य सा मन है विकल तो सिन्धु सा गहरा प्रणय है ।।

पिय बसे हिय में सदा तो भक्ति होती राग निर्मित
गृह भवन अट्टालिकाएँ हैं सभी अनुराग निर्मित
प्रेम कारण ही धरा की हर शिला में हरि निलय है ।
मत्स्य सा मन है विकल तो सिन्धु सा गहरा प्रणय है ।।

ग्राह जबड़े से करीशा-पग छुड़ाया प्रेमवश हो
दौड़ कर प्रभु द्वार खोलें जब सुदामा सोचवश हो
जानता जो प्रेम महिमा मनु वही जन-जन हृदय है ।
मत्स्य सा मन है विकल तो सिन्धु सा गहरा प्रणय है ।।

प्रेम-पानी बिन जले जब, स्तब्ध होकर ताप से मन
अधखुले दृग सीञ्चते तब, वेदना के जाप से मन
चित्त-मरु के तप्त पथ पर, प्रेम ही शीतल मलय है ।
मत्स्य सा मन है विकल तो, सिन्धु सा गहरा प्रणय है ।।

26. 'साधना और त्याग' (गीतिका)

तज आत्म-पुण्य करे निछावर, सर्व सञ्चित ज्ञान को ।
सह धूप, वृष्टि, प्रचण्ड पावक , मृत्यु को,अवसान को ।
जिनकी कहे महिमा दिवाकर, धन्य है गुणगान वो ।
भय छोड़ साधक जो गहे सच, खोज ले भगवान वो ।।

यदि राम भी भयभीत होकर,   भागते वनवास से ।
यह आर्य भूमि युगों-युगों तक, क्षारती भय त्रास से ।
पर हेत जो मनु त्यागते तन,   कीर्ति है उनकी चरी ।
जस त्याग देह दधीचि निर्भय, देव आपद जा हरी ।।

27. दोहावली

1.

जोगन भई गली तुम्हारी, साधु बन गये द्वार।
उर पर रंग चढ़े न कोई, हर विध यह लाचार।।

2.

पनघट से इस प्रेम घट तक, सूने- सूने घाट।
होली हमारी बीत गई, तक तक थारी बाट।।

3.

मैं ही चिट्ठी डाकिया,   मैं ही कलम दवात ।
पाती निज को भेजता, लिख कर प्रेमिल बात ।।

4.

मैं इक टुकड़ा लौह का, तुम लकड़ी के नाव।
देह जला प्रकाश करूँ, मम तारक के चाव।।

5.

टूटे कच्चे सूत्र दो, गड़ी हृदय में शूल।
उथली झील बन्धन की, टूटे सारे कूल।।

6.

ज्ञान,बुद्धि के तेज से, देव दनुज हर्षाणि ।
हृदय बसौ श्वेताम्बरी, देवी वीणापाणि ।।

7.

बद्ध कुमुदनी पुष्प पर ,   विचरते महाभृङ्ग ।
रति आनन तिल देख ज्यो, भ्रमित होते अनङ्ग ।।

8.

नवल भोर की नव किरण, हृदय नवीन प्रकाश।
मंगलमय हो वर्ष नव ,   हर्षित भू आकाश।।

9.

प्रेम तपोवन के तपी, विह्वल करें! पुकार।
दहक रहे व्याकुल हृदय, दावानल संसार ।।

10.

सार विकलता के यदि, समझ सके इन्सान।
चाह मिलन की गूढ़ रही, रख विकलाई भान।।

11.

भान रहे तन का सदा, और रहें भयभीत।
खोट घने उस प्रेम में, हो जिसमे ये रीत ।।

28. नयन अश्रु की धार लिए

कम्पित हस्त तिरोहित मस्तक, नयन अश्रु की धार लिए।
पुष्प समर्पित तुम्हे दिवंगत,   हृदय दु:ख आपार लिए।।

हाय विधाता मुझको छलते, उनको छलने से पहले
तन मेरा हो जाता भस्मित, मन के जलने से पहले
होते तिमिर के भय भयंकर, भान मुझे जो हो जाता
दीप जला लेती दर्दों के, सूरज ढलने से पहले

रह गया केवल भ्रम बसेरा   झूठी छत का भार लिए।
पुष्प समर्पित तुम्हे दिवंगत,   हृदय दु:ख आपार लिए।।

कण्ठ अवरुद्ध जड़ है स्वामी, रोकर चिला नहीं सकती
हुई चेतना पत्थर जैसी, डग भर हिला नहीं सकती
क्रन्दन, वेदन, विप्लव भारी, या मिट गई सृष्टि सारी
भीतर इतने भाव विलोड़ित, पर क्या? बता नहीं सकती

अब मैं मात्र मौन की गठरी,   सन्नाटों की गार लिए।
पुष्प समर्पित तुम्हे दिवंगत,   हृदय दु:ख आपार लिए।।

हैं पग अनाथ इस छोर खड़े, चाव सभी करके बौने
त्याग दिए हैं श्रृंगार सभी, धवल वसन अब क्या धोने
हे नीर देव स्वीकार करो, सर्वस्व तुम को सौंपती
ऐसा न हो मुझे देख कहीं, लगे दुर्भाग्य भी रोने

वारती हूं वर्चस्व अपना,   ये जीवन निस्सार लिए।
पुष्प समर्पित तुम्हे दिवंगत,   हृदय दुःख आपार लिए।।

29. कुण्डलिया

1.

चलदल उड़ कर नभ चले, छोड़ कूल आधार।
और सितारे गगन से, आए उतर अपार।।
आए उतर अपार, परा आलोकित अपरा।
जला ज्ञान के दीप, व्योम जल पर पसरा।
दीप्त हुई नगमाल, घटे तमस के सर्व बल।
गुण-ग्राहक उद्योत, व्यग्र से बाती चलदल।।

2.

सरगम बैजू बावरा, तानसेन चित चोर।
फल मीठे हैं सब्र के, मत खोना मन ठोर।।
मत खोना मन ठोर, सुनो रे खेलन वालो।
हार नही कमजोर, गुणो रे जीतन वालो।
हिस्सा है ये हार, नही यह किञ्चित भी कम।
इक दिन होगी जीत, सुरीली होगी सरगम।।

3.

गेरू नीलम वर्ण द्वय, मिल कर किये प्रभात।
धूप चढ़ी तो घुल गए,   बाकी बचे न गात।।
बाकी बचे न गात,   मिलन हित सर्व समर्पित।
चख कर प्रेमिल भोग, दु:ख सब लगते अल्पित।
प्रेम दिवस के भास , दमकते नभ तक मेरू।
आई निर्मल सांझ,   मिले फिर नीलम गेरू।।

30. मान- मर्दन- घात

मान मर्दन घात, करते यार हैं
कर रहे दुष्कर्म, कितने खार हैं ।

क्यों तिरोहित ज्ञान, गुण संस्कार हैं ?
क्यों पतन पर आज, सब आचार हैं ?

आवरण मुख ओढ़, छुप-छुप सब चलें
भर छलावा वेश, तन-मन-धन छलें।

नित जलन डर डाह, कर कर के जलें
आत्मबल से हीन, वो निशदिन ढलें।

31. पीड़ा से जो जोड़े नैना..

तूने साथी ! पीड़ा से जो जोड़े नैना।
आंसू छोड़ें नैना, चौड़े-चौड़े नैना।।

मीठी-मीठी बोली तेरी मोहे भाती ।
तेरी ये बातें ही तो थी मेरी थाती ।
सूनी-सूनी काया खाली-खाली छाती ।
दागे ज्वाला मोहे यूँ ज्यों सूखी पाती ।
निद्रा है रूठी जाती झिंझोड़े नैना ।
आंसू छोड़ें नैना, चौड़े-चौड़े नैना ।।

पीड़ा में डूबी वैताली रूठी दे दी ।
क्या पीना जो हालाहाली फूटी दे दी ।
हाथों में मेरे ये प्याली झूठी दे दी ।
मांगी थी छाया, डाली टूटी दे दी ।
लाली गाढ़ी दे दी, हैं दो थोड़े नैना
आँसू छोड़ें नैना, चौड़े-चौड़े नैना ।।

दर्दीली ये पीड़ा माखी के डंको -सी ।
आहों के अंकों -सी, राहों के पंकों- सी ।
खट्टी-मीठी यादें झाड़ी के बेरों- सी
आशा मेरी ठाड़ी मारू के केरों- सी
कस्तूरी छौने के- जैसे दौड़े नैना
आँसू छोड़ें नैना, चौड़े-चौड़े नैना ।।

32. आज शहर में होली

आज शहर में होली वाली
मची हुई है धूम।
गली-गली में छैल-छबीले
रहें रङ्गो को चूम।।
जोगीरा सा रा रा रा

एक हाथ में ले पिचकारी
दूजे हाथ गुलाल।
बने हुए हैं बन्दर सारे
सबके मुखड़े लाल।।
जोगीरा सा रा रा रा

रङ्ग चला है लेकर पक्का
देवर मूञ्छें तान
भाभी- प्यारी कहाँ छिपी हो
आजा मेरी मान
जोगीरा सा रा रा रा

रङ्ग लगाऊं तुझको पक्का
या फिर मलूं गुलाल
गोरे-गोरे गाल गुलाबी
कर दूं पूरे लाल।
जोगीरा सा रा रा रा

लठ लेकर फिर दोड़ी भाभी
आजा मेरे लाल
बित्ते भरका छोरा है तू
बिगड़ी तेरी चाल
जोगीरा सा रा रा रा

आजा तुझसे होली खेलूं
रे खेलूं लठमार
हाड़ गात पे मिट्टी मलके
सहले लठ का वार
जोगीरा सा रा रा रा

री भाभी क्यों आँख दिखाए
काहे करे बवाल
रङ्ग रङ्गीला पर्व है होली
करना नहीं मलाल
जोगीरा सा रा रा रा

आजा प्यारे देवर आजा
आजा लेकर रङ्ग
गीली सूखी खेलूं होली
खेलूं तेरे सङ्ग।।
जोगीरा सा रा रा रा

पर्व यही है अच्छा सच्चा
लाता खूब उमङ्ग
रिश्तों में भी भर देता है

सारे पक्के रङ्ग।।
जोगीरा सा रा रा रा

33. जन -जन के दृग

जन जन के दृग राह तकें चर्चाएँ नगर गाम में।
आ रहें हैं पुरुषोत्तम भगवान अपने धाम में।।

होकर सरयू उत्साहित लहर लहर शृंगार करे,
और कूल के कङ्गूरे जल मह बिम्ब उतार धरे,
चमक रही हैं अटालियाँ पौष के मीठे घाम में।

आ रहें हैं पुरुषोत्तम भगवान अपने धाम में।।

शोभित सारी अवधपुरी हर्षित सारा देश हुआ,
एक राम के आवन से त्यौहारी परिवेश हुआ,
भगवा मन का वेश हुआ लागी लगन श्रीराम में।

आ रहें हैं पुरुषोत्तम भगवान अपने धाम में।।

राम राम कह झुकते हैं राममति हुए काम सभी,
हरे हरे हरि अमृत भासे हर हर सच्चे दाम सभी,
जाने कितनी मिठास भरी राम तुम्हारे नाम में।

आ रहें हैं पुरुषोत्तम भगवान अपने धाम में।।

34. दीपार्पण तुम्हे आराध्य,!

मैं मूढ़मति विधि न जानूं, मम मन अंगीकार करो।
दीपार्पण तुम्हे आराध्य, मानस से स्वीकार करो।।

ज्ञात तुम्ही हो बलदायक, इक तुम से ही आस करूँ।
तन-मन, वसन लेकर स्वच्छ, पूजन बारह मास करूँ।
गंध-पुष्प अरु धूप-दीप अर्पित तुमको फल, नवैद्य ,
भक्ति-भाव से भर कर प्रभु निर्जल मैं उपवास करूँ।।

भावपूरित इस हृदय को,   छूकर तुम उपकार करो।
दीपार्पण तुम्हे आराध्य, मानस से स्वीकार करो ।।

चंदन हलदी कुमकुम सब प्रभु है चरणों में अर्पित।
सजा हुआ आरती थाल, दीपक घी भरा निवेदित ।
पाप-पुण्य की गठरी ले, शरण आया यह उपासक ,
निश्चय भरा अंतःकरण भक्ति को हुआ संकल्पित।।

भान न दोष-गुणों का कुछ किंचित तुम उद्धार करो।
दीपार्पण तुम्हे आराध्य, मानस से स्वीकार करो ।।

35. नयन कारा से आँसू

जार-जार दिवस रोया, फूट-फूट के रोई रात
ओस बनकर फूलों पर, झड़ गए तारे सारे
झरते रहे यूँ मेरी, नयन कारा से आँसू ।

तन मन छलनी कर गयी, भामिनी की समुराई
देख दर्द फिर यामिनी, घाव सहलाने आई,
सुन विभा जल जाएगी, कि अङ्गारा से आँसू ।
झरते रहे यूँ मेरी, नयन कारा से आँसू ।।

चाँद भी कुम्हला गया, किरणे दोहागन हुई
चोट कलेजे टीसती, ऐण्ठन वैरागन हुई
कुछ गले में उतर गए, नमक पारा से आँसू ।
झरते रहे यूँ मेरी, नयन कारा से आँसू ।।

अब भोर होने को है, आँखें लाल पूरब की
लहू धमनियों में थिरा, क्या ये चाल पूरब की
उफ वेदना सूर्य उगा, और निरहारा से आँसू ।
झरते रहे यूँ मेरी, नयन कारा से आँसू ।।

दिन निकला हृदय विकला, रजनी गई दुःख छोड़
आह विधाता ताव सब, अन्तर भरते झिञ्झोड़
रुकते नहीं दुराग्रही, उदधि ज्वारा से आँसू ।
झरते रहे यूँ मेरी, नयन कारा से आँसू ।।

36. नित्य करो नवल सृजन

धार कर हृदय में गुरुजन,
मात शारदे कर सुमरिन,
लक्षित हों सर्व प्रभंजन,
हे तूलिका के धारको !!!, नित्य करो नवल सृजन ।

प्रवीण सभी पांडित्य में,
शब्द सयोजन लालित्य में,
यज्ञ वेदी सुर साहित्य में,
हे साहित्य के साधको !!! करो आहुतियाँ समर्पण ।
हे तूलिका के धारको !!!, नित्य करो नवल सृजन ।

शब्द-शर कलम-कमान ले,
विचार मस्तिस्क संधान ले,
शास्त्रार्थ का आह्वान ले,
हे विद्या के उत्थानको !!! अविद्या का करो तर्पण ।
हे तूलिका के धारको !!!, नित्य करो नवल सृजन

37. बावरा मन हुआ

स्वप्न-मधु से निशा, भर गयी कोष्ठ को,
हाय! उर स्पन्द खोकर अचेतन हुआ
बावरा मन हुआ बावरा मन हुआ ।

ओढ़ चुनरी चमकते सितारों सजी
अङ्गराई भरे चन्द्र उत्थित लिए
विन्ध्य अभिसारिका नायिका मोदनी
सैन नैनन अलक माथ प्रमुदित लिए
क्षुद्र कटि कामिनी पीत सोहत गजी
तिल चिबुक त्रय चिकुर अर्ध कुञ्चित लिए
रद दबा निम्न रदपुट अमा यामिनी
भर गयी मद मनोभाव स्वेच्छित लिए
चख अधर के अमय मदभरा मन हुआ ।

बावरा मन हुआ बावरा मन हुआ ।।

पैजनी बोल झङ्कृत गुञ्जाने लगे
तब निशा जग गयी ओज तम छा गया
नाद अनहद बना हर तरफ तेज से
नभ बनाकर तुहिन-कण-कलश ढा गया
घास परमिल चहूँ दिश गिराने लगी
भाव भरकर प्रणय पाश इतरा गया
चढ़ मदन रति निलय पुष्प धनुआ
सधैहर्ष पाये मलय गाछ दल छा गया

टेक गीतों भरी अन्तरा मन हुआ।

बावरा मन हुआ बावरा मन हुआ।।

सङ्ग पाकर विभा तन पिघल यों गया
अङ्ग प्रत्यङ्ग ज्यों थे बने घीत से
मुक्त अभिसार की धार के कामना
गाल रक्ताभ होने लगे प्रीत से
तान मधुरिम सहज भाने लगी-
मञ्जरी आम्र गूँजे मधुप गीत से
सोचता रह गया हाय भ्रान्ति या-
दृग-पटल पर दृश्य उभरे बीत से?
सेज स्वप्निल बिछी सांवरा मन हुआ ।

बावरा मन हुआ बावरा मन हुआ ।।

38. यौवन ढलता जा रहा

यौवन ढलता जा रहा, पल-पल होता ध्वस्त ।
उर्जित रहता जो सदा, कभी न होता पस्त ।।

जग से निश्चित एक दिन, होता है प्रस्थान
धन जाता न सङ्ग वहाँ , कब ही जाता धान
जाता कुछ जो सङ्ग में, जाता अर्जित नाम
हँसते गाते जो गया,   वो सच्चा धनवान
चार दिवस की जिंदगी , सतत रहो तुम मस्त।
यौवन ढलता जा रहा, पल-पल होता ध्वस्त ।।

जिन्दा जब तक शौंक हैं, बना हुआ उत्साह
धूप मिले या छाँव ही , भरो कभी मत आह
निज से जब तक प्रेम हो जिन्दा रहे उमङ्ग
अपनी धुन में तुम जियो, सभी करें फिर वाह
मन पंछी उड़ता रहे , कभी न होता त्रस्त
यौवन ढलता जा रहा, पल-पल होता ध्वस्त

रङ्ग-बिरङ्गा सब दिखें ,   हो चश्मा रङ्गीन
सजे- धजे जो आप हों, दुनिया लगे हसीन
पल-पल सुनो सहेज लो, करलो खुद के नाम
देख सामने गम कभी ,   होना मत गमगीन
रखना ये विश्वास तू , प्रभु का सिर पर हस्त
यौवन ढलता जा रहा, पल-पल होता ध्वस्त

39. अध्ययन की महत्ता (सोंनेट)

सतत अभ्यास की कर्म माल, श्रमशीलता के भूषण से।
कटु पाहन भी कट जाते तब कोमल रज्जू के घर्षण से।।
हर ध्येय अध्ययन आलम्बित उद्योग खोलता है गाण्ठे।
पठन पाठन की पीठिका पर उगने लगते चेतन काण्टे।।

ज्ञान भवन के मध्य कक्ष को खोल खड़ी है भावी बाला।
नयनों के जुगनू की चाबी खोल रही हर तम का ताला।।
लक्ष्य सपष्ट यदि मिल जाए पृष्ठ कक्ष के किसी कोर पर।
सभ्यताओं के नवल भास्कर होंगे उदित मनसा छोर पर।।

उचित अनुचित हैं मार्ग साधक! उपयोग व्यवहार से जानो।
पढ़ विद्या के सञ्चित सङ्ग्रह, पथिक कर्तव्य- पथ पहचानो।।
ग्रन्थ गूढता सन्धान हेतु आवश्यकता है प्रयत्न की।
चेतनता की शूल ज्वाल से, हर लें सब तिमिराई मन की।।

अध्ययन की महता को जानो , पुस्तक रूप ज्ञान साकार।
विद्या ददाति विनयम सर्वदा, विनयाद रिया सर्व हितकार।।

40. सगुण-अवगुण

तन में सगुण-अवगुण लिए हम, वासना मन धारते।
सब दु:ख पाप कमा जमा कर, बार-बार बिसारते।।
न रखी बही उन कर्म की सब, और दोष दुलारते।
यमराज के दर चित्रगुप्त जु, हंस हंस पुकारते।।

तू ही बुरा तू ही भला है, तू सही है बावरा ।
तेरा भला तू ही करेगा, और तेरा साँवरा।।
तू है शिकारी तू निशाना, मौत है तू मीत भी।
है प्रेम भी है श्वास भी तू, साज है तू गीत भी।।